QUESTION

DE

DROIT FÉODAL

ENTRE

LE ROI & CHAMPION DE CICÉ, ÉVÊQUE D'AUXERRE

A PROPOS

DE LA VENTE DES FORGES DE M. DE LA CHAUSSADE

A COSNE ET A GUÉRIGNY

PAR

RENÉ DE LESPINASSE

NEVERS,

G. VALLIÈRE,

IMPRIMEUR DE LA SOCIÉTÉ NIVERNAISE

24, Avenue de la Gare.

1898

QUESTION

DE DROIT FÉODAL

QUESTION

DE

DROIT FÉODAL

ENTRE

LE ROI & CHAMPION DE CICÉ, ÉVÊQUE D'AUXERRE

A PROPOS

DE LA VENTE DES FORGES DE M. DE LA CHAUSSADE

A COSNE ET A GUÉRIGNY

PAR

RENÉ DE LESPINASSE

NEVERS,

G. VALLIÈRE,

IMPRIMEUR DE LA SOCIÉTÉ NIVERNAISE

24, Avenue de la Gare.

1898

QUESTION DE DROIT FÉODAL

ENTRE

LE ROI ET CHAMPION DE CICÉ, ÉVÊQUE D'AUXERRE

A PROPOS

De la vente des Forges de M. de la Chaussade, à Cosne et à Guérigny.

———————

M. de La Chaussade, contraint de vendre ses établissements métallurgiques du Nivernais, s'était adressé à divers particuliers (1).

Ses usines travaillaient en grande partie pour le compte de l'Etat, sous la responsabilité d'une administration commerciale indépendante ; c'est pourquoi divers hauts personnages, en raison des grands intérêts du Gouvernement, le comte de Maurepas, M. de Sartine, M. Chardon, maître des requêtes, commissaire du roi pour la marine, assistaient aux entrevues avec les gens d'affaires.

Une dernière proposition ferme au nom d'une compagnie fut faite par MM. Sabatier et Desprez. Ils visitèrent les forges et, s'étant définitivement entendus

---

(1) M. Corbier (*Bulletin*, t. VI, p. 350 à 460), a publié, en 1869, une notice historique sur les forges de La Chaussade, à Guérigny, avec plusieurs documents et nombreux détails sur cette exploitation. J'ai aussi donné quelques pièces sur Guérigny dans les *Forges et charbons du Nivernais*. *Bulletin*, t. XVI, p. 275.)

avec M. de La Chaussade, ils déposèrent le 12 septembre 1780 la somme de quinze cent mille livres, qui fut de suite déléguée à ses créanciers.

Sur ces entrefaites, en décembre 1780, le marquis de Castries, ministre de la Marine, jugeant qu'il était de l'intérêt du roi que toutes les terres et établissements de La Chaussade fussent en ses mains, écrivit à M. Chardon pour le prévenir que le roi avait prononcé la résiliation, en sa faveur, de la soumission des sieurs Sabatier et Desprez.

Necker écrit à M. Chardon le 26 décembre 1780 que le roi achète et fait régir en son nom les forges de M. de La Chaussade ; un arrêt du conseil ordonne l'effet rétroactif de la vente au 1er octobre 1780, et le 8 mars 1781, le contrat définitif étant passé pardevant Me Doileau, notaire à Paris (1), les sieurs Sabatier et Desprez furent remboursés de quinze cent mille livres qu'ils avaient déposées à l'actif de M. de La Chaussade.

La correspondance et les papiers de l'évêque d'Auxerre, seigneur temporel de Cosne, témoignent des difficultés qui surgirent à l'occasion de cette vente. Une partie des forges, la fabrique d'ancres, était installée dans cette ville. M. de La Chaussade avait pris ses précautions vis-à-vis de son seigneur pour obtenir son assentiment, et lui avait fait signer, le 4 juin 1780, c'est-à-dire avant toute proposition ferme, le « Déprix » suivant :

« Je, soussigné, évêque d'Auxerre, seigneur de la ville de Cosne-sur-Loire, promets et m'engage envers M. Babaud de La Chaussade, propriétaire des forges

(1) Le texte in extenso de ce contrat est imprimé d'après les archives de la direction des forges de Guérigny. (Bulletin, t. VI, p. 427.)

royales de ladite ville, fonderies, clouteries, taillan-
deries, magasins, halles, cours, enclos, maisons et
jardins en dépendant à lui appartenans, situés en
ladite seigneurie, d'ensaisiner le contrat de vente ou
transmission de propriété qu'il a pu faire ou fera des
susdites possessions et dépendances, en tout ce qui
peut relever de la censive de ladite seigneurie moïen-
nant la somme de douze mille livres, à laquelle en cas
de vente ou transmission de propriété ayant lieu,
je me restrains pour cette fois à forfait, pour tous les
profits de lods et ventes, qui pourroient me revenir
en madite qualité de seigneur de la ville de Cosne et
dependances, à quelque somme que puisse par stipu-
lation monter icelle vente (1)... »

La Chaussade signa à l'évêque d'Auxerre trois
billets de 4,000 livres à échéance des 30 décembre
1780, 30 janvier et 28 février suivants, lequel donna
à son tour quittance définitive de la susdite somme de
douze mille livres pour l'ensaisinement du contrat, le
23 septembre 1780.

Les billets signés par La Chaussade sont écrits
sur simple feuille de papier libre, sans timbre ni
aucune formule. Ils sont insérés tous les trois à la
suite de l'acte de déprix et confondus dans la masse
des autres papiers.

A ce moment interviennent les discussions adminis-
tratives sur l'acquisition directe des forges pour le roi.
Elles sont contenues dans une note reproduite quatre
fois dans les papiers de l'évêque d'Auxerre. Plusieurs
considérations semblent être exposées de nos jours et

(1) Correspondance de Champion de Cicé, évêque d'Auxerre. Bibl. nat.
ms. fr. 20700. Cette collection de papiers manuscrits comprend cinq volumes
dont deux seulement, 20700 et 20703, contiennent des pièces relatives au
département de la Nièvre faisant partie de l'évêché d'Auxerre.

reviennent fréquemment dans nos Chambres, à l'occasion des votes du budget.

Necker voulait faire cette acquisition pour le compte du roi, y est-il dit ; il fut combattu dans ce projet par M. de Maurepas qui ne croyait pas qu'il fût d'une bonne économie, ni convenable aux intérêts du roi de former pour son compte des entreprises qu'il fallait laisser aux fournisseurs de la Marine. Necker persista et l'affaire fut conclue. L'entreprise faite d'ailleurs sous forme d'essai, il fut stipulé que si le roi y renonçait en revendant, les rentes constituées à ce sujet au profit des seigneurs particuliers seraient éteintes.

L'événement donna raison à M. de Maurepas. Les forges et terres qui rapportaient beaucoup à M. de La Chaussade n'ont été qu'une charge pour le Trésor. On porte aux dépenses ordinaires et annuelles, les forges de La Chaussade pour un million de livres, soit 900,000 livres pour frais d'exploitation et cent mille livres acompte du payement de l'acquisition.

Il y a des confusions d'articles dans cette comptabilité des intérêts, gages, taxations, frais de régie, etc., puis à la recette, on porte cette même somme de 900,000 livres, précisément égale aux seuls frais d'exploitation, fonds à recevoir de la Marine pour la fourniture des forges de La Chaussade.

La note revient encore sur les mêmes arguments contre ce système et conclut à la revente des forges, en ajoutant ces motifs dont une partie est encore vraie aujourd'hui : 1° elles mettent hors du commerce des fonds et des objets d'industrie ; 2° ces immeubles étant dispensés d'impositions, elles grèvent d'autant les possessions des voisins qui sont tenus de fournir et parfaire la même masse d'impositions ; 3° ces acquisitions exigent un grand nombre de préposés et de commis jouissant d'exemptions et privilèges qui tournent à la charge des contribuables. Il y a, ainsi, dans les papiers de l'évêque d'Auxerre, quantité de mémoires, comptes, états de dépenses et frais nouveaux, presque tous en plusieurs exemplaires, tendant à prouver que l'achat par le roi des forges de La Chaussade était une mauvaise opération pour le Trésor, très coûteuse par son administration compliquée, sans économie d'aucune sorte et présentant l'inconvénient de nuire au travail du commerce national.

Les lettres patentes sanctïonnant l'achat devaient être infirmées par arrêt du Conseil et la vente avoir lieu au grand bénéfice du Trésor.

Dans une opposition si tenace et faite d'avance, il y avait évidemment un courant intéressé qui, sans être avoué, se manifeste à chaque instant et sous toutes les formes.

Malgré ces objections les forges au compte de l'Etat ont toujours eu gain de cause, puisqu'elles ont résisté aux bouleversements fréquents de la politique, et après un siècle d'existence elles semblent plus assurées que jamais.

Quelques conséquences de cette acquisition royale, énoncées dans les papiers, méritent d'être ajoutées à l'histoire locale.

Voici d'abord un mémoire sur les droits à payer au suzerain le duc de Nivernois.

Les profits de fief ont été réglés à la somme de cent cinquante mille livres, dont il a été constitué rente viagère à M. le duc. C'est probablement la seule épave de la dépossession complète des apanages du seigneur libéral, mort si misérablement pendant la Révolution (1).

---

(1) A Paris le 25 février 1798.

Il s'agissait encore de fixer l'indemnité due à l'occasion de l'extinction de la mouvance féodale.

En principe, le roi n'acquérait des biens dans la mouvance des seigneurs que depuis l'ordonnance de Philippe-le-Bel, en 1302, renouvelée pour le Nivernois, en 1316, par Louis-le-Hutin.

L'édit d'avril 1667, confirmé le 22 septembre 1722, donnait ensuite au roi la possibilité d'acquérir dans toutes les mouvances, à la seule condition d'indemniser les seigneurs Le duc ne faisait aucune objection et se bornait à demander, d'après l'article 21 chapitre 4 de la *Coutume de Nivernois* le quart du prix principal de l'acquisition, comme droit de mutation, soit pour un million de livres, valeur à laquelle on peut estimer les biens de M. de La Chaussade dans la mouvance du duc, et, en déduisant les alleux et les rotures, 800,000 livres, dont le quart, deux cent mille livres, constituerait une rente annuelle de dix mille livres.

Quant aux biens de roture et aux droits de haute justice, ils sont une véritable perte pour le bailliage du duc et devraient également entrer en considération pour fixer la rente. Il n'y a pas d'autres pièces permettant de suivre l'affaire et de savoir comment elle fut terminée ; au milieu des gaspillages du gouvernement révolutionnaire, une question déjà surannée et qui suscitait à l'origine d'aussi grandes incertitudes tomba sans doute comme tant d'autres dans le néant.

La suite des papiers concerne la seigneurie de Cosne ; nous y trouvons des enquêtes, des pétitions, des correspondances, comptes, nominations et autres actes curieux pour l'étude de cette époque si troublée, où les aspirations modernes sont mêlées aux vestiges de l'ancien droit féodal.

Le catalogue des divers actes motivés par l'acquisition des forges signale le nouveau personnel d'offi-

ciers créé à cette occasion (1). Ce sont pour la plupart
des noms connus dans la région :

10 juillet 1782. Commission donnée à M. Jean-Fran-
çois Rameau de Montbenoist, avocat en parlement à
Cosne, pour faire fonctions de juge pendant neuf années
à la justice des lieux des forges, fonderies et dépendances établies à Cosne, par M. de La Chaussade,
achetées par le roi, le 2 mars 1781, érigées en fiefs par
lettres-patentes d'août 1781. Cette commission est
enregistrée au baillage royal d'Auxerre le 24 juillet
1782. Le registre de bailliage des forges de Cosne est
paraphé et commencé par ledit M⁰ Rameau le 1ᵉʳ août
qui suit. Puis, dans une série d'actes notariés passés
successivement de 1785 à 1787 chez M⁰ Ruyneaux des
Payneaux, notaire à Cosne, il prend la qualité de
juge de la justice royale, et rend une sentence de
justice pour le même motif.

Les commissions de procureur du roi et de greffier
sont données pour neuf années à M. Maignen de Chazelle
et Denoireterres. M. Maignen, décédé deux ans après,
est remplacé, le 15 septembre 1784, par M. Jean-Baptiste
de Beaubois des Grandes-Maisons. Le 28 décembre
1786, M. Grangier des Maliers prend devant notaire la
qualité de bailli de Cosne.

A partir de ce moment, la justice passe tout entière
au roi, et par signification d'huissier du 1ᵉʳ décembre
1786 les officiers des forges sont qualifiés officiers de la
justice royale de Cosne. Les autres notaires de Cosne,
Ferrand et Buisson, contribuent également par des
actes à régulariser les nouvelles qualités. On trouve
à la suite de ces notes l'original (folio 40) de la commission de M. Maignen de Chazelle, par Alexandre
Davigneau, lieutenant-général au bailliage d'Auxerre,

---

(1) Il y en a trois copies, ms. fr , 20700, fol. 19, 21 et 120.

où l'on porte les pièces exigées : acte de baptême dans
l'église Saint-Jacques de Cosne du 27 décembre 1719
(M. Maignen avait été nommé dans ses fonctions de
juge royal à l'âge de quatre-vingt-trois ans (1719-1782);
certificat de vie, mœurs et religion catholique ; serment
de rester fidèle à la religion et au roi, enfin teneur de
la commission délivrée par lettres-patentes.

La situation des biens acquis par le roi est fixée par
lettres-patentes d'août 1781 et 28 juin 1782 (1). Ils se
composent des fiefs de Guérigny, Villemenant,
Ladouée, Marcy, Demeurs, Frasnay-les-Chanoines,
Richerand, Ouvrault, Narcy, rue des Fourneaux,
Médine, forges royales de Cosne, domaines de la
Vache, du Pavillon, de la Bletterie ; louageries de
l'Oiseau et de la Closerie, à Garchizy (2), appartenant
à Babaud de La Chaussade. Toutes ces terres seront
dorénavant de nature féodale et relèveront de la tour
carrée de Saint-Pierre-le-Moûtier ; les eaux et forêts
ressortiront en la Table de marbre du Palais à Paris
le duc de Nivernois, les évêques d'Auxerre et de
Nevers seront indemnisés. Si le roi cessait d'en être
propriétaire, les justices et mouvances revenaient
comme auparavant et les rentes d'indemnité constituées
au profit des seigneurs particuliers étaient éteintes.

Les détails sur l'administration des forges figurent
dans une note qui présente tous les caractères de véra-
cité.

A Cosne, sous M. de La Chaussade, il y avait un
directeur, 3,000 livres ; deux commis, 3,000 livres ; un
troisième commis non payé, tous logés, chauffés et

(1) Trois copies, fol. 28, 32 et 37.
(2) La Douée, commune de Saint-Aubin-les-Forges, — Marcy, — Poi-
seux, — Richeran, commune de Chaulgnes, — Ouvrault, commune de
Champvoux. Ces terres sont toutes énoncées dans l'acte de vente cité ci-
dessus.

éclairés. On vendait au public, on tirait parti de la ferraille et de toutes autres ressources.

Depuis l'acquisition royale, il y avait un directeur, 5,000 livres ; quatre commis, l'un dans l'autre 5,000 livres, plus d'autres employés subalternes, d'où augmentation sensible de dépense. On vend au public des objets d'usage et d'agriculture, on estime ces ventes par aperçu à 5,000 livres.

On vend du charbon de bois, du charbon de terre, des cendres ; ces marchandises sont souvent cédées par échange, sans estimation. Des forgerons reçoivent divers objets : chenets, pelles, pincettes, en paiement de salaires.

Une comptabilité aussi irrégulière ne pouvait donner aucun résultat précis. MM. Chardon et de Sionville (1) inspectant au nom du roi les établissements de M. de La Chaussade, en Nivernais, paraissent s'être bien plus occupés d'administration que de comptabilité proprement dite.

Peu de temps après l'acte d'acquisition du roi, le 21 avril 1781, M. le commissaire royal Chardon, installé à Guérigny, informait officiellement l'évêque d'Auxerre (2). « Comme M. de La Chaussade a traité avec vous pour les droits seigneuriaux relatifs à Cosne et que vous vous êtes engagé par votre quittance du 23 septembre, d'ensaisiner le contrat, je vous prie de me marquer à qui vous voulez que je remette la grosse de ce contrat en forme exécutoire. »

Cette épître, d'une allure assez hautaine, s'adressant à un évêque, soulevait la grosse question du prix des lods et ventes qui avait été réglée par surprise entre l'évêque et M. de La Chaussade, à la somme de

---

(1) M. de Sionville fut le premier directeur des forges, de 1781 à 1793.
(2) Ms. fr. 20700, fol. 27.

douze mille livres. L'évêque prétendait qu'il s'était
réduit à cette somme en considération de M. de La
Chaussade, mais qu'il n'en était plus de même en
présence du Trésor royal. Les écrits ne mentionnaient
pas ce fait, l'évêque revenait sur sa parole et refusait
d'ensaisiner.

M. Chardon expose ces difficultés et signifie à
M. de La Chaussade d'en sortir au plus vite, parce
que le roi ne peut entrer dans cette discussion (1).

La correspondance qui suit reproduit les plaintes
et froissements résultant de cette situation fausse,
l'évêque reprochant à M. de La Chaussade d'avoir
traité avec le roi sans le prévenir, l'exposant à se faire
accuser d'avoir sacrifié une importante portion d'un
des principaux fiefs de son évêché pour faire un
cadeau au Trésor. M. de La Chaussade s'excuse,
ignorant, dit-il, que le roi prendrait ses établissements en prononçant la résiliation de la vente Saba-
tier-Desprez. Il s'est incliné devant la volonté du
souverain et désire que ses procédés envers Monseigneur restent toujours empreints de la plus scrupu-
leuse délicatesse.

Cette affaire d'intérêt sensiblement délicate menaçait d'empirer terriblement en raison de l'importance
des personnalités engagées. Le ministre, M. de
Fleury, se décide à intervenir directement.

« J'ai peine à me déterminer, écrit-il à l'évêque
d'Auxerre (1), à mettre sous les yeux du roy votre
réclamation sur la fixation des lods et ventes qui sont
dus à votre siège pour l'acquisition des forges de
M. de La Chaussade.

(1) Ms., fr. 20700, fol. 45.
(2) *Ibid.*, fol. 52.

» Je crains que le roy ne soit surpris de ce qu'après avoir traitté à douze mille livres et après avoir persisté lorsque vous avez eu connoissance que la vente éloit faitte à Sa Majesté, vous demandiez maintenant une plus forte composition. Je sais que depuis cette convention, le parlement a mis à son enregistrement une modification qui enlève pour toujours la mouvance à votre siège, mais permettez-moi de vous observer que cette modification étoit de droit, que la distraction de mouvance a été opérée par le seul fait de l'acquisition pour le compte du roy, parce qu'il est de principe que tout ce qui entre dans la main du roy ne peut plus rentrer sous la mouvance d'aucun seigneur. Je crois pouvoir vous ajoutter que cette modification doit d'autant moins changer la quotité de lods et ventes, que c'est à votre siège que cette distraction peut faire quelque préjudice et que votre siège en sera dédommagé par l'indemnité qui lui sera payée à perpétuité.

» Je vous prie, mon cher seigneur, de me dispenser d'entretenir le roy de cette affaire et de vouloir bien ensaisiner le contrat au prix convenu entre vous, M. de La Chaussade et M. Chardon. Je suis très fâché de ne pouvoir vous donner en cette occasion des preuves de mon zèle et de mon fidèle attachement, mais je suis obligé de deffendre le Tresor royal, et je crois que vous me saurez gré de vous offrir l'occasion de faire hommage à Sa Majesté d'un aussi léger sacrifice. J'ai l'honneur d'être, avec un sincère et respectueux attachement, mon cher seigneur, votre très humble et très obéissant serviteur, Joly de Fleury. »

Cette lettre, sur un sujet aussi délicat, témoigne d'égards réciproques qui régnaient toujours entre hauts personnages, même au sein de discussions péni-

bles comme celle-ci. L'évêque ne céda pas et persista dans sa volonté de réclamer une somme supérieure ; il adresse à M. Chardon un rapport à transmettre à M. de Fleury et à Sa Majesté où il insinue que l'annulation du premier marché l'autorisait à rentrer dans ses droits, et qu'il exigeait de ce fait une augmentation de six mille livres pour les lods et ventes, sans préjudice de l'indemnité pour distraction de la mouvance et d'exercice de la justice (1).

Enfin, ce différend qui n'avait que trop duré est tranché par une lettre de M. de Calonne (2), contrôleur général des finances, datée du 31 janvier 1784 :

« J'ai examiné, monsieur, avec la plus grande attention les différends mémoires que vous avez présentés à l'effet d'obtenir un supplément de six mille livres ou environ en sus des douze mille qui vous ont été payées... Sa Majesté sur le compte que je lui ai rendu... a bien voulu vous accorder un supplément de quatre mil livres. Cette somme vous sera payée à Paris, des fonds de la caisse des forges royales, sur une ordonnance de M. Chardon, à qui j'adresse des ordres à cet effet, et en mettant votre ensaisinement sur le contrat d'acquisition de Sa Majesté dans la forme ordinaire. Je suis flatté, monsieur, que mon prédécesseur m'ait laissé la satisfaction de faire, dans cette occasion, une chose qui vous étoit agréable (3). »

L'évêque est enfin satisfait et se résigne à accepter, comme il le dit dans sa lettre du 21 février suivant à M. de Calonne : « ... Quoique vous ne m'an-

---

(1) Ms. fr. 20700, fol. 87.

(2) Le ministère des finances avait été occupé successivement par Turgot, Necker, Fleury, d'Ormesson et de Calonne, le 3 novembre 1783.

(3) *Ibid.*, p. 91.

nonciez pas, monsieur, tout le supplément auquel j'avois borné ma réclamation sur l'objet de ces lods et ventes, je suis toujours infiniment reconnaissant de la promptitude avec laquelle vous avez bien voulu terminer cette discussion qui traînoit depuis longtemps et de toute la grâce avec laquelle vous avez eu la bonté de me faire part de la décision... je me suis présenté plusieurs fois pour avoir l'honneur de vous voir. Faites-moi la grâce de m'indiquer le moment où je pourrai moi-même vous offrir mes hommages. »

Le même jour l'évêque signait une quittance de seize mille livres et accordait par écrit l'ensaisinement de l'achat des forges de La Chaussade par Sa Majesté (1).

L'acquisition royale, en opérant le changement de seigneurie, n'eut pas lieu sans amener pour les localités une situation nouvelle et des modifications importantes; ce seront autant de traits qui peindront l'esprit de l'époque.

Les habitants de Cosne s'inquiètent de l'activité des agents royaux; ils s'aperçoivent qu'on va leur enlever le port de la Madeleine sur le bord de la Loire, très central pour la paroisse Saint-Agnan, où arrivent facilement tous les bateaux d'approvisionnement apportant les grains du Berry, les bois, les pierres des carrières, les vins et vendanges de Tracy, les épiceries et autres denrées éloignées. Les droits régaliens sur la rivière de Loire, la pêche, le bac, le pontonnage appartiennent au seigneur de Cosne, ainsi que la justice sur l'étendue de la rivière et sur ses deux bords. Le terrain des forges doit rester tout à fait indépendant. Les officiers de police constatent des anticipations et on n'en tient aucun compte; au

(1) Ms. fr. 20700, fol. 108, 113 et 114.

lieu de procéder aux bornages on construit des murs et des clôtures en place neuve.

M. Tassin, commissaire de la Marine, vers 1750, avait fait planter des tilleuls le long du quai, mais il se servait de l'endroit comme d'un port public (1). M. Baudry, directeur des forges, anticipa le premier sur le quai de la Madeleine et à l'embouchure du Nohain. Ces faits encore récents sont connus de tous. Si l'on supprime le port de la Madeleine, le commerce des bateaux, dits frimilliers, si important pour l'alimentation de la ville, serait contraint de se transporter fort loin au port de la Pêcherie. Les foires qu'on veut demander y perdraient beaucoup. M. de La Chaussade a pu faire en toute liberté des glacis, même disposer une grue pour faciliter le chargement de ses ancres, cela ne constitue pas un droit de propriété.

Ces raisons sont longuement exposées dans plusieurs mémoires et requêtes adressés à leur seigneur par les habitants de la paroisse Saint-Aignan.

« Les supplians, Monseigneur, disent-ils en terminant, sont dans la plus ferme confiance et osent espérer que vous ne dédaignerez pas de leur faire éprouver les effets de votre protection, comme étant vos justiciables et vos censitaires, pour les préserver de ce qu'ils ont à craindre des projets annoncés. L'intérêt de Votre Grandeur y concourt, mais ils sont persuadés que l'amour du bien public sera pour vous, Monseigneur, un motif encore plus déterminant et ils formeront des vœux pour la précieuse conservation de Votre Gran-

---

(1) Le ministère de la marine possède des mémoires de M. Tassin sur les ancres fabriquées à Cosne en 1732. Voy. *Bulletin*, Forges et charbons, t. XVI, p. 352.

deur. Cosne, 26 mars 1783, Hygnard, curé ; Cachet, vicaire, et quarante-cinq signatures (1). »

Une autre supplique des habitants signale de nombreux empiètements de terrain, des constructions de murs de clôtures et la suppression d'une rue qui serait prise sur la place de l'Église, formée de l'ancien cimetière ; ils implorent l'appui de leur seigneur, en rappelant, les sacrifices qu'ils ont faits pour la suppression de la mendicité, la décoration de l'église, la formation d'un nouveau cimetière éloigné des habitations, les projets de création de foires (2).

L'affaire reste en suspens et les habitants la reprennent par l'intermédiaire de la fabrique de Saint-Aignan à laquelle appartenait le terrain du cimetière à transporter. Par délibération du 10 décembre 1786, présidée par Antoine Pyrent, curé de Saint-Jacques, enquêteur, la fabrique décide qu'elle s'oppose à toutes innovations nuisibles et aux changements projetés sur l'emplacement du cimetière ou sur la rue du port, et qu'elle entend soutenir l'état de choses actuel comme préférable (3).

M. Grangier des Maliers, avocat en Parlement, bailli de Cosne, soutenait de tout son pouvoir la pétition des habitants de la ville, ainsi que le notaire M. Ruyneaux des Paynaux. Ils envoyaient plans, mémoires, rapports, observations, mais toujours au nom des habitants, en demandant de n'être pas cités personnellement. Ces pièces annexes de l'affaire ne

(1) Ms., fr. 20700, fol. 23, 54, 58, 68.

(2) *Ibid.*, fol. 85. Dans un autre volume des papiers (n° 20702, fol. 51), il est exposé que ce nouveau cimetière de Saint-Aignan, d'une contenance de sept boisselées, a été acheté par les habitants à Mlle de La Chasseigne pour une rente de 26 livres remboursables à 250, et à charge de donner à M. de Pougny, son neveu, l'usage d'une des stalles du chœur de Saint-Aignan, sa vie durant.

(3) *Ibid.*, fol. 122.

disent pas si les habitants obtinrent gain de cause sur cette question du cimetière et de la place qu'ils voulaient conserver ; elles démontrent, toutefois, l'énergie, le courage, la persévérance et la liberté dont faisaient preuve les habitants en soutenant l'intérêt de leur ville.

On a vu plus haut les difficultés survenues au sujet des règlements de l'autorité féodale ; il y avait encore l'exercice de la justice et le bornage des juridictions qui restaient à faire contradictoirement entre les officiers du roi et de l'évêque.

La découverte du cadavre d'un noyé dans la rivière du Nohain fut l'occasion d'un conflit. Les officiers de justice seigneuriale et le bailli dressèrent procès-verbal qu'ils transmirent aux officiers royaux pour affirmer leur compétence. M. le commissaire Chardon s'adresse à l'évêque pour lui demander la nullité de ce procès-verbal. « Je suis persuadé, dit-il, que vous la verrez avec votre justice ordinaire et que vous engagerez vos officiers à se désister d'une prétention aussi mal fondée », et il demandait ensuite qu'on procédât au bornage du ressort de la justice royale, comme on avait fait à Nevers avec le duc de Nivernois, afin d'éviter à l'avenir les conflits (1).

Les vieux privilèges provinciaux, les justices seigneuriales résistaient de toutes leurs forces à la perte de ces droits particuliers, derniers vestiges de l'indépendance locale.

Le bailli, M. Grangier des Maliers, rappelle en termes pressants à l'évêque d'Auxerre qu'il ne doit céder en rien sur les terrains des ports que les officiers royaux veulent s'attribuer.

Il ne s'agit pas seulement des murs de clôture qui se

(1) Ms. fr. 20700, fol. 80.

construisent sans règlement, la terre de Cosne n'y perdrait pas grand chose, mais si l'on accorde un pouce on en prend deux, et l'anticipation ira toujours croissant. Les pourparlers et les démarches se succèdent mais sans résultat pratique ; les gens des forges continuent sans tenir compte de rien. La correspondance ne donne pas la conclusion de l'affaire (1).

Le procureur fiscal, M. Ruyneaux des Paynaux prenait aussi en mains, avec ardeur, la cause de son seigneur ; il se plaint des impertinences des agents royaux, des tracasseries qu'ils emploient, traitant l'évêque d'Auxerre de seigneur temporel de la majeure partie de la ville de Cosne, tandis que son véritable titre, basé sur des pièces anciennes, est : seul seigneur spirituel et temporel de la ville et châtellenie de Cosne-sur-Loire et Villechaud. Les règles du droit féodal sont précises pour la raison qu'il est seigneur haut justicier du terrain sur lequel les deux églises sont bâties, étant même patron et fondateur de l'église principale, qui est la collégiale et paroissiale de Saint-Laurent et Saint-Jacques. Lorsqu'il y a plusieurs seigneurs hauts justiciers, celui-là seul qui a la haute justice de l'église, peut se qualifier seigneur de la paroisse, et les autres ne sont pas même seigneurs en partie, mais de tel fief (2).

Les choses s'envenimant de plus en plus, les maire et échevins de la ville font cause commune avec les agents royaux et en viennent à un tel point que M. Ruyneaux des Paynaux, leur adresse une signification par huissier. Il y expose les bienfaits accordés par les évêques d'Auxerre aux habitants, le chapitre érigé en 1212 par Guillaume de Seignelay, le couvent

(1) Ms. fr. 20700, fol. 93 et 119.
(2) *Ibid.*, 20703, fol. 38.

des dames Ursulines, fondé en 1658 par Pierre du Broc, les exemptions de tailles, corvées, taxes bourgeoises, bordelages, champarts, etc., qui grèvent les terres voisines, la banalité des fours ; les nombreux travaux de constructions et réparations faits dans l'intérêt de la ville ; l'établissement d'un bureau d'aumône générale, etc.

Malgré les bontés et les générosités fréquentes des seigneurs et principalement de M. Champion de Cicé, le procureur fiscal se plaint du manque d'égards qui apparaît à tout propos à son sujet depuis l'acquisition royale.

A Garchy et à Nevers, où le roi a fait également des achats de terrains à M. de La Chaussade, la justice seigneuriale n'est pas atteinte, tandis qu'à Cosne on veut par tous les moyens la supplanter et même la supprimer totalement.

Une signification par huissier ainsi rédigée ne pouvait avoir grande portée ; elle se résume en un refus d'accepter les injonctions faites par les maire et échevins et elle signale entre ces autorités une situation tendue qui contribuait encore à mécontenter les esprits. On était en février 1787.

Les esprits semblent cependant rentrer dans un calme relatif.

Une délibération du conseil ne craint pas d'avancer que les officiers des forges ne sont pas plus les juges de Cosne, que les officiers de la prévôté de l'Hôtel ne sont les juges de Paris et de Versailles. Ce sont de simples juges d'attribution pour les matières et les personnes employées dans leurs ateliers. Le bailliage d'Auxerre seul pourrait exercer une concurrence sur la justice de Cosne.

En fin de compte, l'évêque d'Auxerre s'oppose au titre qu'ils prennent de « justice royale de Cosne », à toute attribution quelconque en dehors de l'enceinte des forges, à tous les honneurs, préséances, distinctions ou prérogatives hors du même territoire (1).

Outre ces contestations d'intérêt commun, l'autorité seigneuriale avait encore à intervenir dans les rivalités particulières.

M. Rastoin, prieur-curé de Cours, faisait grand tapage pour obtenir de grosses réparations à son presbytère. Le marquis de Moraches, seigneur du lieu et le procureur fiscal M. Ruyneaux, se plaignent à l'évêque d'Auxerre en termes très vifs de la conduite qu'il a tenue à leur égard. L'évêque leur a donné raison et n'a pas écouté la demande du prieur (2).

Une autre fois c'est M. Ferrand, notaire et procureur, qui a manqué essentiellement au bailli et à M. Ruyneaux et dont on se plaint amèrement auprès du seigneur évêque.

La querelle menaçait de prendre une grande intensité parce qu'il s'y joignait des questions d'intérêt. Ruyneaux occupait plusieurs fonctions très rémunératrices ; il était notaire seigneurial et procureur fiscal, attirant à lui toutes les affaires, tandis que les trois notaires royaux, dont Ferrand faisait partie, n'avaient plus rien.

Ruyneaux est ensuite assigné par Ferrand au bailliage d'Auxerre pour injures, insultes et diffamation indignes d'officiers publics de cette importance (3).

M. Grangier des Maliers soutient Ruyneaux de sa sympathie et de ses conseils, la majeure partie des officiers publics prend fait et cause pour lui et l'affaire présente de telles conséquences que M. Ferrand, renonce publiquement à ses poursuites et choisit le

(1) Ms. fr. 20703, fol. 43.
(2) Ms. fr. 20703, fol. 3.
(3) *Ibid.*, fol. 25 et 44.

seigneur évêque comme médiateur. Il lui expose qu'il a été traité par M. Ruyneaux devant plusieurs personnes de gredin, menteur, fourbe et faussaire, mais que, s'en rapportant à Monseigneur, il a remis à M. le bailli l'assignation qu'il avait lancée. Sur quoi le bailli, M. Grangier, se félicitant de ce résultat, s'écrie que l'évêque « supérieur né de ses justiciables et plus particulièrement encore des officiers de sa justice, il saura maintenir les règles de subordination, de respect et d'union qui doivent être observées entre eux ».

Il écrit ensuite à Monseigneur et l'engage à répondre que pour l'accord et l'union entre ses officiers, il désire que tout le passé soit oublié et regardé comme non avenu.

Les réparations et entretien des églises de la région sont l'objet d'une correspondance qui donne quelques détails.

Ces travaux sans crédits réguliers n'avaient même pas d'attribution spéciale dans l'application des charges, entre l'évêque, le patron, l'abbé ou le prieur, et quelquefois les habitants.

Pour l'église de Saint-Laurent-l'Abbaye, M. Grangier dit que le prieur est désespéré de son délabrement ; le danger devient de jour en jour plus imminent, les pierres et les mortiers des voûtes tombent de temps en temps ; le prieur a failli être écrasé. Si M. l'abbé persiste à toujours projeter sans rien exécuter, je crains fort qu'il n'en coûte la vie à quelques personnes et que l'église ne s'écroule tout à fait.

A Saint-Andelain on travaille davantage, comme à Saint-Père ; il est question de réception d'ouvrages faits aux églises.

La cure de Saint-Aignan est occupée par l'abbé Hygnard et ensuite par l'abbé Louis Le Meunier qui demandent la reconstruction du presbytère, consentie par une délibération des habitants. On fait, en attendant, sur l'enquête de M. Pyrent, curé de Saint-Jacques, les réparations nécessaires (1).

Le chapitre de Cosne est aussi une des nombreuses preuves de la triste situation où se trouvait le clergé de France à cette époque. Ecoutons les réflexions de M. Pyrent, chantre-curé de Saint-Jacques de Cosne :

« Vous devez savoir, écrit-il le 20 décembre 1786, combien mon bénéfice est modique et le peu de ressources qu'il y a à compter sur les biens du chapitre qui ne subsistoit autrefois que de messes et qu'en faisant la guerre au casuel de la cure, mais les temps sont changés, il n'y a plus rien à faire de ce côté, ni du côté du curé, ni de celui du chapitre.

» Je suis fâché d'être obligé de m'adresser à Monseigneur et j'espère que vous voudrez bien l'engager à me rendre la justice que j'attends depuis onze ans. Je désire une réponse décisive et d'autant plus prompte que je ne puis me dispenser de me mettre en règle vis-à-vis M. le prieur de Saint-Aignan qui, demeurant à Rome, n'est pas dans le cas de traiter avec la même célérité que s'il était en France. »

Il joint à cette lettre un état des biens du chapitre de Cosne qui consiste en :

1º Dîme du vin sur la paroisse de Saint-Père affermée jusqu'à présent. . . .   380 livres

2º La dîme de Siez affermée. . . .   132 —

3' La dîme de bled sur Saint-Père levé par le chapitre vaut au plus . . .   400 —

4º La dîme de Villorgeau (2) estimée au plus 20 boisseaux, froment et orge. .   30 —

(1) Ms. fr. 20700, fol. 138, 139, 142.

(2) Près Cosne, il y a Villorget, commune de Cours, et Villorgot, commune de Pougny.

5° La dîme de Calmine, paroisse Saint-Père, produit 60 boisseaux froment à 30 sols. . . . . - .   80 —

6° 20 journées de mauvaises vignes dont on trouveroit à peine 30 sols. . .   30 —

                      1,052 livres

Les charges ordinaires du chapitre s'élèvent à 226 livres et se décomposent ainsi :

Pour décimes, 61 livres; pour supplément de portion congrue au curé de Saint-Père, 18 livres ; pour loyer de la grange du chapitre, 24 livres ; gages de deux bedeaux qui sonnent l'office du chapitre, 24 livres ; gages du serpent pour sa part du chapitre, 24 livres ; pour les six enfants de chœur, 15 livres ; pour les dîmeurs du chapitre, 6 livres; blanchissage du linge et partie d'entretien de la sacristie, 30 livres ; frais pour percevoir les petites rentes, affiches d'Auxerre, autres charges et les 2 sols pour livre qui sont donnés à la personne chargée des affaires du chapitre, 24 livres. — Total, 226 livres.

En outre, le chapitre doit chaque année au curé de Saint-Père 8 boisseaux de froment et cinq quarts de vin.

Il reste donc 826 livres à partager et à distribuer aux huit prébendes qui composent le chapitre, ce qui fait pour le chantre deux cents et quelques livres à cause de ses deux prébendes.

Produit net des dîmes et vignes du chapitre, 826 livres.

Biens du chapitre chargés de fondations :

Part du chapitre au pontonnage chargée de 4 obits pour les quatre premiers dimanches de Carême, 187 livres 10 sols ; le pré des Ormonaux, affermé 120 livres pour 12 services ou messes pour M. Vaillant; petites rentes de 5, 10 et 20 sols chargées d'obits et de messes, 100 livres ; obits, messes, services, confréries payées au chapitre par la fabrique de Saint-Jacques, 40 livres. — Total, 447 livres 10 sols.

Charges extraordinaires du chapitre :

Ce sont celles des gros décimateurs des paroisses de Saint-Père, Siez et Pougny — contribution dans l'église de Saint-Jacques, selon la coutume, aux livres d'église et ornements.

Il est bon d'observer que la part des réparations de l'église de Saint-Père est montée pour le chapitre à 432 livres, ainsi pour cette année la moitié du revenu du chapitre passe en réparations (1).

L'abbé Pyrent accompagnait cet état de plusieurs observations sur le peu qui lui restait. Il en résulte que les ressources en nature ou en quêtes étaient d'un recouvrement très difficile. Les produits des terres exigeaient des dépenses qui absorbaient souvent le revenu ; c'était, en réalité, la gestion compliquée de l'exploitation agricole d'un particulier, qui ne convenait pas à un ecclésiastique, surtout lorsqu'elle se trouvait peu rémunératrice comme celle de Cosne. En résumé, M. Pyrent se plaint de sa situation précaire et demande la chanterie de Gien à titre de compensation.

Une autre note établit la portion congrue de la paroisse de Saint-Aignan. En 1577, André Lambert, curé, obtient le paiement de six septiers de froment, trois poinçons de vin et un porc, d'après sentence de Jean Borne, bailli de Cosne.

En 1641, le curé Charbonnier reçoit du prieur de Saint-Aignan 50 livres par an de portion congrue.

(1) Ms. fr. 20700, fol. 135, 136 et 147.

Sur une réclamation du curé Basset en 1687, il fut
établi par jugement que les 300 livres de portion
congrue accordées aux curés, seraient payées 200 livres
par l'évêque d'Auxerre et 100 livres par le prieur de
Saint-Aignan.

De 1706 à 1710, sous le curé Gabriel-Pierre Meslin,
il y eut à ce sujet des procès suivis de saisies et autres
procédures avec le prieur et l'évêque, mais depuis
cette époque jusqu'en 1741 où M. Jolain est curé de
Saint-Aignan, la portion congrue de 300 livres a été
régulièrement payée (1).

En réalité, ces sources de revenus étaient assez
modiques, et surtout compliquées par les profits en
nature ou la gestion de propriétés. Les comptes de
recettes et de dépenses, irrégulièrement vérifiés par
exception quand il se présentait une difficulté, se
trouvaient dans un désordre qui se faisait sentir plus
durement à la fin du dix-huitième siècle où chacune
de ces lettres expose le manque de ressources ou la
diminution de recettes en présence d'une vie qui pour
tout le monde commence à devenir de plus en plus
coûteuse.

Une autre lettre du même curé Pyrent, datée du
21 mars 1783 constate la création d'un bureau de
dames de La Charité, avec réunions mensuelles et
distribution de secours aux indigents. L'idée était
venue au curé Pyrent, dans cette année où le pain
était fort cher. Le boisseau de blé valait trois livres.
La cherté des vivres avait empêché la réalisation
du projet de ces dames qui était « la suppression de
la mendicité dans les deux paroisses ». L'évêque
d'Auxerre avait contribué pour une large part à ces

---

(1) Les papiers de Champion de Cicé sont des copies de toutes ces
pièces concernant la paroisse Saint-Aignan. *Ibid.*, fol. 140.

— 31 —

libéralités ; M. Pyrent l'en remercie en lui demandant de l'autoriser à prendre les fonds laissés à
MM. Guérin et des Grands-Maisons. C'était le produit des lods et ventes de M. de La Chaussade que le
seigneur évêque avait réclamé au Trésor royal avec
tant d'insistance et qu'il rendait ainsi à la population
de Cosne ; nouvel exemple de générosité dans les
actes de Champion de Cicé et d'autant plus à son
éloge que c'était une vertu assez rare chez les prélats
du dix-huitième siècle.

Nevers, imp. G. Vallière.

www.ingramcontent.com/pod-product-compliance
Lightning Source LLC
Chambersburg PA
CBHW070745210326

41520CB00016B/4589